Negocios en la Era Digital

Enfrenta tus creencias limitantes y cambia tus paradigmas.

Por: David Labrador

AGRADECIMIENTOS

A todos aquellos cuyos sueños han iluminado mi camino y han dado propósito a mi existencia:

Este libro está dedicado a ustedes, quienes han confiado en mí para convertir sus sueños en realidad. Mi Ikigai, mi razón de ser, se encuentra en el poder de hacer realidad los sueños de los demás. Cada historia, cada deseo compartido, ha sido un recordatorio constante de la belleza y la esperanza que yacen en el corazón humano.

Agradezco desde lo más profundo de mi ser a todas las personas que me han permitido ser parte de su viaje. Vuestra confianza y vuestras aspiraciones han alimentado mi propio sueño de servir y de dar. Sigamos tejiendo esta cadena de corazones, donde el apoyo mutuo y la realización de sueños nos guíen hacia un mundo más pleno y compasivo.

Que este libro sea un tributo a la belleza de los sueños compartidos y a la fuerza transformadora del amor y la solidaridad.

Con gratitud infinita,

David Labrador Maldonado

Negocios en la Era Digital

Enfrenta tus creencias limitantes y cambia tus paradigmas.

Hace unos años, me encontraba frente al Atlántico, contemplando la inmensidad del mar desde una playa en Tenerife. Aunque ese día el sol brillaba y las olas rompían suavemente en la orilla, mi mente estaba lejos de estar tranquila.

Como consultor de PsicoMarketing, había trabajado con innumerables empresas, ayudándolas a entender lo que motiva a sus clientes.

Pero, en ese momento, reflexionaba sobre una clienta en particular: Lorena, una empresaria de 40 años, que se debatía entre la ansiedad por la digitalización de su empresa y el deseo de pasar más tiempo con su hijo.

Lorena, como muchos otros, había llegado a mí buscando una solución a un problema que parecía insuperable. La había conocido en una de mis conferencias sobre estrategias de marketing digital. Se acercó con una mezcla de esperanza y escepticismo, y me contó su historia.

Había intentado digitalizar su negocio por su cuenta, había contratado a varias agencias de publicidad y *Traffickers*, pero nada había salido como esperaba.

"He probado con varios expertos, pero no funcionó como esperaba", me confesó con un tono de voz que reflejaba frustración y desilusión.

Recordé mi propio camino. Antes de convertirme en un consultor de renombre, había enfrentado desafíos similares. Había sentido esa misma frustración y temor al fracaso. Pero con el tiempo, y tras muchos errores y aprendizajes, desarrollé una metodología única, el Sistema P.A.S.O. (Planificación, Aplicación, Seguimiento y Optimización), que prometía no solo resultados, sino también un enfoque personal y humano en el mundo del marketing digital.

Decidí entonces contarle a Lorena sobre mi viaje. Le hablé de cómo había aprendido a escuchar a mis clientes, a entender sus necesidades y a crear soluciones personalizadas. Le aseguré que mi enfoque era diferente: no se trataba solo de números y datos, sino de comprender las emociones y motivaciones detrás de cada cliente.

Lorena escuchó atentamente. Vi cómo sus ojos reflejaban una mezcla de incertidumbre y esperanza. Entendí que no solo buscaba resultados; ansiaba seguridad, confianza y alguien que comprendiera su situación personal y profesional.

Le expliqué cómo mi sistema P.A.S.O. se adaptaría a su negocio, cómo trabajaría con ella durante tres meses para asegurarnos de que estaba en el camino correcto y cómo la ayudaría a recuperar ese tiempo tan valioso con su familia.

Lorena asintió, aún con ciertas reservas. Su mayor objeción era clara: *"¿Y si invierto en esto y tampoco funciona? No puedo permitirme otro fracaso"*. Aquí era donde mi experiencia y mis testimonios de clientes satisfechos jugaban un papel crucial. Le mostré capturas de pantalla, comentarios y casos de éxito. Quería que viera que no solo prometía resultados, sino que los entregaba.

Mientras hablaba con ella, recordé las palabras hirientes que yo mismo había escuchado en mis comienzos: *"No puedes hacer esto"*, *"eres solo otro consultor más"*. Pero también recordé cómo esas palabras se convirtieron en mi motivación para demostrar lo contrario.

Al final de nuestra conversación, Lorena parecía más aliviada. No había garantías en el mundo del marketing digital, pero sí había esperanza, y eso era algo con lo que podía trabajar.

En ese momento, frente al mar, supe que había encontrado una nueva forma de conectar con mis clientes. No se trataba solo de estrategias y resultados. Se trataba de entender sus luchas, sus miedos y sus sueños. Se trataba de ser más que un consultor; se trataba de ser un aliado en su camino hacia el éxito.

¡Lorena y yo en las playas de Tenerife!

Ahora que he compartido mi historia y cómo he ayudado a clientes como Lorena a superar sus desafíos, quiero profundizar en cómo podemos aplicar estas lecciones a tu propio negocio.

Creo firmemente en la importancia de una estrategia de PsicoMarketing bien planificada y personalizada para cada empresa. Mi objetivo aquí es mostrarte cómo puedes transformar tu negocio utilizando las mismas técnicas que han llevado al éxito a tantos de mis clientes.

¿Por qué escribo esto? Porque sé lo que se siente estar en el borde del precipicio empresarial, y también sé lo gratificante que es superar esos desafíos. Mis clientes, como Lorena, han experimentado esta transformación, y sus testimonios son un claro reflejo de la efectividad de mi enfoque.

En las siguientes páginas, descubrirás las claves para implementar una estrategia efectiva que no solo impulse tu negocio, sino que también te permita disfrutar de una vida más equilibrada y satisfactoria.

Estás a punto de embarcarte en un viaje que transformará no solo tu empresa, sino también tu vida.

• Consejo 1:

- **De la Incertidumbre a la Maestría.**

- **Aprende a confiar en tu capacidad de evolucionar.**

Consejo 1: De la Incertidumbre a la Maestría. Aprende a confiar en tu capacidad de evolucionar.

¿Alguna vez has sentido que estás atrapado en la creencia *"no soy capaz de realizar este trabajo"*? ¿Te gustaría descubrir cómo transformar esa duda en una poderosa herramienta de aprendizaje y crecimiento?

Imagina por un momento que estás al borde de un gran descubrimiento, pero una voz interna te dice constantemente que no eres lo suficientemente bueno.

Es una lucha interna que muchos enfrentamos.

¡Maldito Síndrome del Impostor!

Piensa en cuántas veces has dejado pasar oportunidades por miedo a no estar a la altura. ¿Recuerdas cómo te sentiste? Probablemente, frustrado y atrapado, ¿verdad?

Pero ¿y si te dijera que dentro de ti yace el poder para transformar esa duda en confianza?

Pensemos en la película *"Erin Brockovich"*, protagonizada por Julia Roberts. Erin, una madre soltera sin educación formal en leyes, enfrentó un desafío monumental al luchar contra una gran corporación por justicia ambiental.

Al principio, estaba llena de dudas y miedos, pero no se dejó vencer.

Erin comenzó como una secretaria en un pequeño bufete de abogados. Al descubrir documentos que indicaban contaminación del agua en una comunidad local, decidió actuar. A pesar de su falta de experiencia legal, su determinación y pasión la llevaron a profundizar en el caso.

Con cada obstáculo, Erin crecía. Aprendió a investigar, a interpelar a testigos, y a entender complejas leyes ambientales. Cada paso era un reto, pero su creencia en la causa y en sí misma la impulsó hacia adelante.

Su historia es un testimonio de cómo la determinación y la voluntad pueden superar la duda y la inseguridad. Erin Brockovich se convirtió en un símbolo de empoderamiento y cambio, demostrando que, con la actitud correcta, podemos superar nuestras limitaciones percibidas.

Conozco a una gran alumna, Silvia, una empresaria que, al igual que Lorena, dudaba de su habilidad para manejar el marketing digital de su empresa.

Al principio, Silvia se sentía abrumada e incapaz. Pero, inspirada por historias como la de Erin Brockovich, decidió tomar acción.

Silvia comenzó a educarse en marketing digital, asistiendo a seminarios y leyendo libros. Con cada nuevo conocimiento, su confianza crecía. Pronto, empezó a aplicar lo aprendido en su negocio. Los resultados no fueron inmediatos, pero con persistencia y la mentalidad correcta, Silvia transformó su negocio y, lo más importante, su autoconfianza.

Como en las historias de Erin Brockovich y Silvia, tú también puedes convertir tus dudas en poder. La clave está en reconocer que la duda es natural, pero no tiene que definir tus acciones. Empieza hoy.

Aprende, crece y permite que tu viaje hacia la maestría transforme no solo tu negocio, sino también tu vida.

¡Silvia y yo disfrutando en su formación!

Recuerda,

"La duda no es el final del camino, es solo el comienzo de tu viaje hacia la maestría".

Haz que este principio sea tu mantra y mira cómo cambia tu mundo.

• <u>Consejo 2:</u>

- **Unidos Somos Más Fuertes.**

- **La Magia de la Colaboración y el Trabajo en Equipo**

Consejo 2: Unidos Somos Más Fuertes. La Magia de la Colaboración y el Trabajo en Equipo

¿Te sientes abrumado pensando que todo el trabajo recae solo en ti? ¿Qué tal si descubres cómo el poder del trabajo en equipo puede multiplicar tus esfuerzos y llevarte más lejos?

A menudo, enfrentamos desafíos que parecen insuperables cuando trabajamos solos. Como un barco intentando navegar contra la corriente, el esfuerzo puede ser exhaustivo y, a veces, infructuoso. Pero, al igual que los gansos que vuelan en formación en V, compartiendo el liderazgo y el esfuerzo, podemos alcanzar mayores alturas y distancias cuando trabajamos juntos.

Imaginemos la historia de Andrés, Coach profesional y un empresario talentoso pero agobiado por la carga de llevar su empresa solo. A pesar de su dedicación y habilidades, sentía que cada día era una lucha cuesta arriba.

Un día, Andrés conoció a David, un experto en marketing digital, y a Silvia, una diseñadora gráfica portentosa. Al principio, era reacio a delegar y compartir responsabilidades, temiendo perder el control. Pero, a medida que comenzaron a trabajar juntos, algo mágico sucedió.

David aportó nuevas ideas de marketing que Andrés nunca había considerado, y Silvia creó diseños que daban vida a la marca de Andrés de formas que solo no podría haber imaginado. Pronto, el negocio de Andrés comenzó a florecer de maneras que nunca habían sido posibles trabajando solo.

La colaboración trajo una nueva energía y perspectivas frescas. Andrés descubrió que, al compartir la carga, no solo se aliviaba su estrés, sino que también se enriquecía el trabajo. La empresa creció, y con ella, la confianza y la creatividad del equipo.

"La colaboración no solo divide las cargas, sino que multiplica el poder para alcanzar metas más grandes".

Andrés es un cliente que ya se ha convertido en familia y como imaginarás, David soy yo y Silvia es la empresaria portentosa que te comente antes. Juntos, creamos campañas que capturaron la esencia de su marca, alcanzando nuevos mercados y aumentando sus ventas.

Te cuento un secreto, hace unos días me dio una gran alegría al comentarme que ya está generando ingresos mensuales significativos, lo que le proporciona la tranquilidad que tanto anhelaba.

Así como Andrés y Laura descubrieron, trabajar en equipo nos permite alcanzar logros que parecen imposibles en solitario.

La colaboración no solo aporta alivio, sino que también inyecta una energía renovada y creatividad a nuestros proyectos. Al compartir nuestras cargas, abrimos puertas a nuevas oportunidades y perspectivas. Atrévete a buscar ese equipo que te acompañará en tu camino hacia el éxito.

¡Andrés y yo trabajando en su futuro!

Recuerda,

"Al unir fuerzas, no solo compartimos la carga, sino que multiplicamos nuestro potencial".

No subestimes el poder de la colaboración. Busca aliados que complementen tus habilidades y ve cómo tu negocio se transforma.

• <u>Consejo 3:</u>

- **De la Ignorancia a la Iluminación.**

- **Tu Viaje a través del Puente del Conocimiento**

Consejo 3: De la Ignorancia a la Iluminación. Tu Viaje a través del Puente del Conocimiento

¿Te sientes atrapado en la isla del 'no sé' y miras con anhelo hacia la isla del 'sí puedo'? ¿Estás listo para cruzar el puente del conocimiento y empoderarte con nuevas habilidades?

Imagina dos islas: una donde te encuentras ahora, limitado por lo que no sabes; y otra, donde todos tus sueños y metas se hacen realidad gracias a tu nueva sabiduría y habilidades. Entre estas dos islas, hay un puente: el puente del conocimiento y la experiencia.

Este puente representa el camino de aprendizaje y crecimiento, y aunque puede parecer intimidante al principio, cada paso te acerca más a tus objetivos. Piensa en este puente como un rito de paso. Al principio, te enfrentas a la niebla de la incertidumbre, pero cada paso que das disipa esa niebla, revelando un paisaje lleno de posibilidades y oportunidades.

No es solo un cambio en tus habilidades; es una transformación en tu forma de pensar y percibir el mundo. Imagínate ganando confianza a medida que adquieres conocimiento, convirtiendo cada duda en un escalón hacia tu realización personal y profesional.

Recordemos la historia de Thomas Edison y su incansable búsqueda para crear la bombilla eléctrica. Edison, conocido por sus innumerables intentos fallidos, nunca vio estos fracasos como derrotas, sino como pasos en el puente hacia su objetivo final. Cada error, cada prueba fallida, era un peldaño más en su puente de conocimiento. Edison sabía que cada intento fallido lo acercaba más a la solución. Su persistencia y su voluntad de aprender de sus errores lo llevaron finalmente al éxito.

La bombilla eléctrica no fue solo un triunfo de la ingeniería, sino también un símbolo de lo que se puede lograr cuando uno se compromete a cruzar el puente del conocimiento, sin importar cuántos intentos se necesiten.

Su viaje no fue fácil. Se enfrentó a críticas, dudas y numerosos desafíos. Pero su compromiso con el aprendizaje y la superación de cada obstáculo lo llevó a la gloria. Edison no solo creó un invento revolucionario; se convirtió en un símbolo de la tenacidad y la capacidad humana para superar limitaciones.

"Cada paso en el puente del conocimiento es una victoria sobre la duda y un avance hacia la maestría."

Recuerdo el caso de Laura, una empresaria de moda que se sentía perdida en el mundo digital. Al principio, Laura pensaba que no tenía los conocimientos necesarios para triunfar en línea. Pero, inspirada por historias como la de Edison, decidió dar el primer paso en su puente de aprendizaje.

Laura comenzó a asistir a mis talleres de marketing digital, se unió a grupos de empresarios y buscó mentores en su industria. Cada día, aprendía algo nuevo, y con cada nuevo conocimiento, se sentía más empoderada. Pronto, Marta aplicó estas nuevas habilidades en su negocio, transformándolo y llevándolo a nuevas alturas de éxito.

Al igual que Edison y Laura, tú también puedes cruzar tu propio puente del conocimiento. No te desanimes por lo que no sabes ahora; cada paso de aprendizaje es un avance hacia tus metas. Comienza hoy tu viaje. Con cada nuevo conocimiento, no solo estarás acercándote a tus metas, sino que también estarás construyendo un puente hacia un futuro lleno de posibilidades.

Recuerda,
"Cada paso en el puente del conocimiento es una victoria sobre la duda y un avance hacia la maestría."

Da ese primer paso ahora y empieza a transformar tu vida y tu negocio.

• Emprende el Camino hacia el Éxito

Emprende el Camino hacia el Éxito

Has dado un paso crucial hoy al explorar nuevas formas de impulsar tu negocio. Reconocemos tu dedicación y el esfuerzo que has puesto en llegar hasta aquí. Sabemos que el camino del empresario no es fácil, pero también sabemos que estás listo para llevar tu negocio al siguiente nivel.

Como empresario, enfrentas desafíos únicos: digitalizar tu negocio, optimizar la experiencia del cliente, y fortalecer tu marca en un mercado competitivo. Estos retos pueden parecer abrumadores, pero no tienes que enfrentarlos solo.

Te invito a una consultoría gratuita de 30 minutos conmigo, David Labrador Maldonado. En esta sesión, trabajaremos codo con codo para identificar las necesidades específicas de tu empresa y te brindaré soluciones personalizadas que impulsarán tu negocio.

Mi compromiso es guiarte hacia una transformación notable, ayudándote a desarrollar una marca sólida y una estrategia de marketing efectiva. Con mi experiencia y tu pasión, podemos alcanzar un éxito excepcional juntos.

Esta oportunidad para una sesión personalizada es limitada. Asegura tu lugar y comienza a transformar tu negocio hoy. No dejes pasar esta oportunidad única de recibir asesoramiento experto adaptado a tus necesidades.

Seré completamente honesto contigo en nuestra sesión. Si tu proyecto tiene potencial, lo analizaremos a fondo y te mostraré cómo sacarle el máximo provecho. Si hay áreas de mejora, las abordaremos con transparencia y un plan de acción claro.

No esperes más. Agenda tu consultoría gratuita de 30 minutos ahora y da el primer paso hacia el éxito de tu negocio.

☐ **Haz clic aquí y agenda tu Consultoría.** (Solo en formato digital)

O mándame un correo a info@davidlabrador.com indicándome que leíste mi libro y mi equipo te remitirá el enlace para reservarla.

¡Tu éxito está a solo un clic de distancia!

Imagina tu negocio floreciendo, alcanzando y superando tus objetivos.

Con la orientación adecuada y una estrategia bien definida, puedes lograrlo.

Deja que te acompañe en este emocionante viaje hacia el crecimiento y la realización empresarial.

¡Actúa ahora y transforma tu futuro!

La Travesía de un Empresario hacia el Éxito

Mi viaje como empresario ha sido una aventura de valientes decisiones y constantes aprendizajes. Desde mi primer intento empresarial, una empresa fundada con mi mejor amigo que, como era de esperar, terminó en desastre, hasta el lanzamiento de una idea innovadora que, aunque prometedora, me enseñó la dura lección de "morir de éxito".

Estos primeros fracasos podrían haber sido el final de mi historia empresarial. El camino fácil habría sido renunciar, regresar a la comodidad de lo conocido. Pero dentro de mí, había un impulso, una inquietud que no me dejaba estar quieto.

Recuerdo las largas noches de reflexión, preguntándome si estaba destinado a ser empresario. Hablé con familiares y amigos, muchos de los cuales no entendían por qué no elegía un camino más seguro. Pero en mi corazón, sabía que tenía que seguir adelante.

Fue entonces cuando entendí la importancia de aprender de aquellos que ya habían recorrido este camino. Empecé a buscar mentores, gigantes en el mundo del emprendimiento, que me ayudaron a acelerar mi aprendizaje.

Esta decisión transformó no solo mi carrera empresarial, sino también mi vida personal. Aprendí a tomar decisiones más inteligentes, a adaptarme rápidamente y a crecer de manera más eficiente y efectiva.

Si hay algo que he aprendido es que la acción es el verdadero fundamento del éxito. Podría haberme quedado paralizado por el miedo, pero elegí moverme, aprender y crecer. Te invito a hacer lo mismo. No te conformes con lo que es cómodo o fácil. Da el paso, busca orientación, aprende de aquellos que ya han recorrido el camino. Y si sientes que este es tu momento, te animo a agendar una consultoría gratuita de 30 minutos conmigo. Juntos, podemos explorar cómo llevar tu negocio al siguiente nivel.

Recuerda, aunque decidas no agendar esta sesión, mi consejo es que hagas algo. Toma acción en la dirección de tus sueños. Y si decides que estás listo para ese próximo gran paso, aquí estoy para **ayudarte.**

☐ **Haz clic aquí y agenda tu Consultoría.** (Solo en formato digital)

O mándame un correo a info@davidlabrador.com **indicándome que leíste mi libro y mi equipo te remitirá el enlace para reservarla.**

Te espero para emprender juntos este emocionante viaje hacia tu éxito.

DAVID LABRADOR
Web: DavidLabrador.com
Email: info@davidlabrador.com

Sobre el Autor

David Labrador es un empresario y consultor de PsicoMarketing con una pasión contagiosa por desafiar los límites del éxito en la era digital. Su enfoque centrado en el ser humano y su vasta experiencia en el mundo empresarial lo convierten en un guía excepcional para aquellos que buscan prosperar en el panorama digital actual.

Con una combinación de visión estratégica y empatía, David ha ayudado a transformar numerosas empresas y a inspirar a individuos a alcanzar sus metas con confianza y determinación. A través de su método único, el Sistema P.A.S.O., David ofrece herramientas prácticas y perspectivas perspicaces para navegar por los desafíos del marketing digital con éxito.

"Negocios en la Era Digital" es el reflejo de la profunda comprensión y el compromiso apasionado de David con el crecimiento empresarial y personal. Prepárate para ser inspirado y capacitado para alcanzar nuevas alturas en tu viaje hacia el éxito.